Leo Color
Libro 1

Caleb Gattegno

Educational Solutions Worldwide Inc.

Copyright © 1971-2010 Educational Solutions Worldwide Inc.
Segunda Edición
Autor: Caleb Gattegno
Todos los derechos reservados
ISBN 978-0-87825-216-9

Educational Solutions Worldwide Inc.
2nd Floor 99 University Place, New York, N.Y. 10003-4555
www.EducationalSolutions.com

Tabla de Contenido

Lámina 1.0 1
    Lámina 1.1 2
    Lámina 1.2 4
    Lámina 1.3 6
    Lámina 1.4 8
    Lámina 1.5 10
    Lámina 1.6 12
    Lámina 1.7 14
    Lámina 1.8 16
    Lámina 1.9 18

Lámina 2.0 21
    Lámina 2.1 22
    Lámina 2.2 24
    Lámina 2.3 26
    Lámina 2.4 30

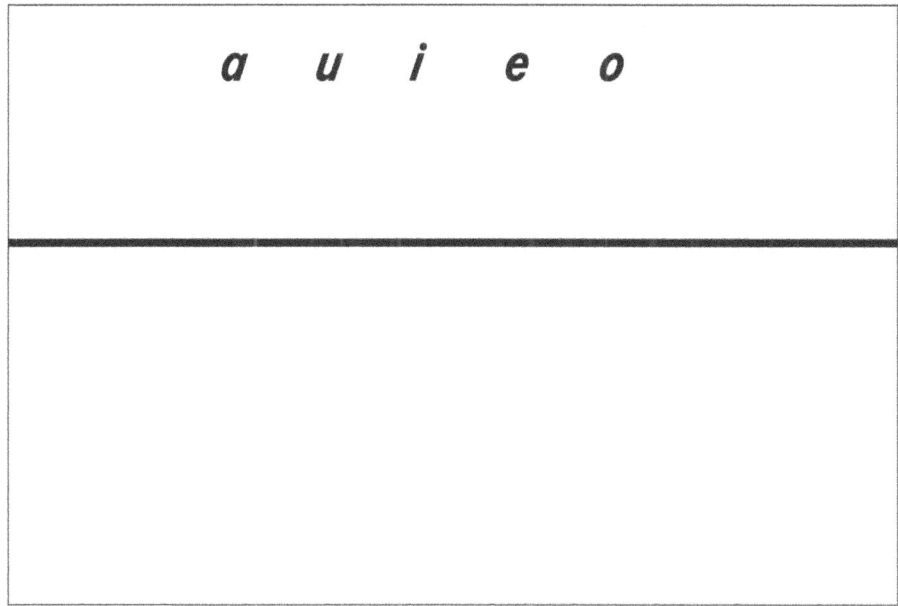

Lámina 1.0

a

Lámina 1.1

a a a

a a a a

aa aaa aaaa

aaaaa aaaaaa

U

Lámina 1.2

U U U

U U U U

uu uuu uuuu

uuuuu uuuuuu

a   u

Lámina 1.3

uu	ua	au

uaua   uaau

uauaua   auau

uuauua   aaauuu

uau   uua

aua   aau

uaa   auu   uauu

aauu   aaau   uaaua

i

Lámina 1.4

i i i

i i i i

ii iii iiii

iiiii iiiiii

a u i

Lámina 1.5

aui aiu

uai		uia
aaii	iiaa	iaia
uuii	iiuu	uiui
auii	aiui	iaiu
aiua	iuaa	uaia
aauuii		aiuaiu
iauiau		iiuuaa

e

Lámina 1.6

e   e   e

e   e   e   e

　　ee   eee   eeee

　　　eeeee   eeeeee

a u i e

Lámina 1.7

auie	**auei**	**aeui**
uiae	uiea	ieau
eea	eeaa	eeuu
eiei	eiaei	eiaeia
eieu	eiaeu	eiaaeu
ueiaa		eaieai
eaeaeuei		aeaeueie

O

Lámina 1.8

O   O   O

O   O   O   O

oo   ooo   oooo

ooooo   oooooo

a u i e o

Lámina 1.9

auieo   auioe

oauie   oaoau

iaoueo   aiouoe

aioaio   eoioie

ooiaooi   iiooaoii

uoiuoia   uooiau

ieoiouo   ouieauo

oouuiieeaa   aouiauoiee

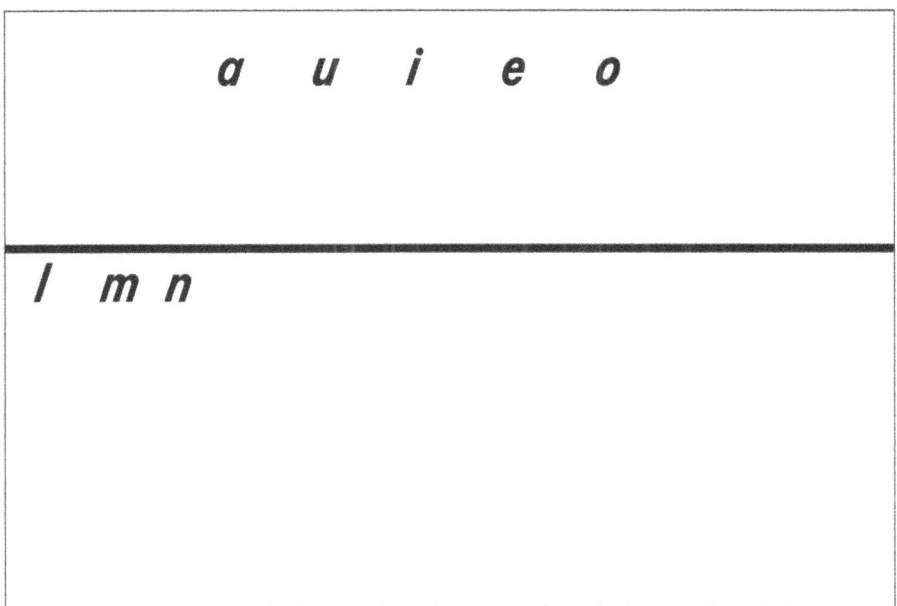

Lámina 2.0

a u i e o
l

Lámina 2.1

al   ul   il   el   ol

la   lu   li   le   lo

lío   lía   lea   lee   leo

ala   ola   óleo   él   ole

olía   leía   lola   lilí   aula

- él lee

- léelo lilí

- el ala

- lola leía ola

- lilí olía el alelí

- lía le leía a él

a u i e o

m

Lámina 2.2

am im em um om

me mu ma mi mo

mía   mima   mío   mimo

amo   mamá   ame   ama

- me ama   - mímame

- ámame   - mi mamá

- mi ama a mi mamá

- mi mamá me mima

a u i e o
l m

Lámina 2.3

mala	mula	malo	mole
mil	muele	molía	muela
lima	lema	lame	loma
lomo	olmo	alma	limo
	álamo	lamía	

- alma mía

- amo a mi mamá

- mi mula mala

- olía a lila

- él limó mi muela

- mimo a mi mula

- lola olía el óleo

- él lamía el lomo

- loli molía la mole

- la mula ama al amo

a u i e o
n

Lámina 2.4

an   un   in   en   on

na   nu   ni   ne   no

nene   nena   una   uno   une

mano   mono   menú   amén

mínimo   anima   animo   limón

ánima   ánimo

lámina   animal   ilumina   alumno

luna   lona   lana   elena

molino   muelen   nula   nilo

línea   manolo

- lilí mima al mono
- un león no lee
- elena molía en el molino
- una alumna leía en el aula
- la luna ilumina la lona
- él olía un limón
- ni ana ni manuela le aman
- el lomo en el menú
- ni mamá ni lola me miman
- una mano en el álamo
- el animal me lame la mano
- manolo leía una línea
- en el molino la mula lamía la mano al nene
- aún el alumno mima al mono.
- la luna ilumina la melena a lola
- el enano lima un limón.

www.ingramcontent.com/pod-product-compliance
Lightning Source LLC
Chambersburg PA
CBHW080528110426
42742CB00017B/3275